El despertar del Tercer Ojo

La guía completa para abrir tu tercer ojo y desarrollar tus habilidades psíquicas

Índice de contenidos

Introducción

Gracias por tomarte el tiempo de elegir este libro sobre el despertar del tercer ojo.

Este libro cubre el tema del despertar del tercer ojo y te enseñará a desbloquear y desarrollar tus habilidades psíquicas. Todo el mundo tiene habilidades psíquicas latentes en su interior, pero lamentablemente, muy pocas personas llegan a acceder a estas habilidades.

Con el fin de acceder a estos poderes psíquicos como la intuición, la clarividencia y la capacidad de ver las auras, es esencial que primero despiertes tu tercer ojo. Una vez que tu tercer ojo haya sido despertado y estés verdaderamente en sintonía con tu cuerpo, estas habilidades y capacidades ocultas comenzarán a desarrollarse.

En los capítulos siguientes hablaremos de cómo despertar el tercer ojo a través de una serie de estrategias, como el equilibrio de los chakras y ejercicios de meditación específicos.

Una vez más, gracias por elegir este libro, ¡espero que te resulte útil!

Capítulo 1: ¿Qué es el Tercer Ojo?

El tercer ojo, también conocido como ojo pineal, es el punto de la frente, en medio de los ojos, donde se encuentra la glándula pineal. Se dice que es el punto focal de tu sexto sentido, y de donde se origina el poder oculto. Acceder a su tercer ojo es esencial si desea acceder y desarrollar sus habilidades psíquicas.

Si bien es probable que conozcas a algunas personas que pueden acceder a su tercer ojo sin esfuerzo, la mayoría de la gente lucha en este esfuerzo. Esta lucha ha dado lugar a un gran número de personas que niegan la existencia de un tercer ojo por completo.

Lo que la mayoría de la gente no sabe es que todos tenemos un tercer ojo y que todos podemos acceder a él -y mejorarlo aún más- a través de una meditación adecuada e intensiva. Puede hacernos capaces de alcanzar nuestro máximo nivel de conocimiento, ya que nos permite percibir el pasado, el presente y el futuro.

También denominado ojo interior u ojo de la mente, este concepto se refiere a una energía que puede utilizarse para acceder a lo que no podemos ver, saborear, sentir, oír u oler. En otras palabras, lo que no podemos sentir con nuestros cinco sentidos puede ser convenientemente accedido por nuestro tercer ojo.

Nuestro sexto sentido también se conoce como el chakra espiritual. Puede exponernos a una gran sabiduría, pero sólo si permitimos que nos guíe. Si desarrollas tu capacidad para utilizar el tercer ojo, podrás ver lo invisible. Podrás desarrollar habilidades como la clarividencia, la telepatía, los sueños lúcidos, la imaginación aumentada y la visualización.

Ya en el vientre materno éramos capaces de utilizar nuestros cinco sentidos. Ya podíamos oír voces y ruidos. Podíamos sentir cuando alguien tocaba el estómago de nuestra madre embarazada. Podíamos chuparnos el dedo y saborear lo que sabía nuestro pulgar dentro de la barriga de nuestra madre, y oler lo que olía nuestro pulgar. Entonces no veíamos muy bien, pero veíamos la luz. Deberíamos estar agradecidos por poder experimentar la vida al máximo gracias a estos cinco increíbles sentidos. Sin embargo, ¿podemos realmente utilizar el término "más plena" para describir cómo vivimos nuestras vidas sabiendo que existe este sexto sentido que, en última instancia, puede darnos una experiencia que nuestros cinco sentidos no pueden?

¿Alguna vez has experimentado pensar en algo y luego, sorprendentemente, ha sucedido en la realidad? Solemos describir esto como una coincidencia, ¿verdad?

Probablemente también hayas tenido la sensación de que alguien te observaba y, al levantar la vista, descubriste que, efectivamente, ¡había alguien observándote!

Puedes referirte a estos escenarios como coincidencias, pero esas fueron experiencias en las que tu tercer ojo estaba tratando de guiarte. Y si crees firmemente en la existencia de tu sexto sentido, estas "coincidencias" deberían servirte como prueba de que, efectivamente, puedes perfeccionar tus habilidades en el uso de tu tercer ojo.

Desarrollar y abrir su tercer ojo le permitirá tener una vida mejor en general. En última instancia, puede abordar problemas personales, profesionales, emocionales, mentales y espirituales. Si tienes problemas profesionales o económicos, puedes utilizar el tercer ojo para aprender a resolverlos. Lo mismo ocurre cuando tienes problemas de relación, ya sea con tu pareja, familia, parientes, amigos y colegas.

Este libro te enseñará a despertar tu tercer ojo, a desarrollar las distintas habilidades psíquicas y a utilizarlas para mejorar tu vida y la de los demás.

Capítulo 2: Despertar el Tercer Ojo

En este capítulo, hablaremos de varios pasos que pueden ayudarte a despertar tu tercer ojo.

¿CÓMO DESPERTAR EL TERCER OJO?

1. Refuerza la paz y la calma.

   Refuerza la paz y la calma de tu mente. No tiene por qué ser necesariamente a través de la meditación. Puede ser centrándose en una actividad específica que le guste hacer, como ver la televisión o leer un libro. Lo importante es que te haga sentir relajado y tranquilo.

   Cuando utilices tu tercer ojo, debes estar atento para no dejar de escuchar el mensaje que quiere transmitirte. De ahí la importancia de fomentar la paz y la calma. Puede ser difícil escuchar el mensaje si hay ruido a tu alrededor.

2. Desarrolla tu intuición.

   Existen varias estrategias para perfeccionar tu intuición. Una de ellas es esforzarse en aprender sobre la interpretación de los sueños. Hay muchos libros sobre este tema que te ayudarán a encontrar el significado de tus sueños y a averiguar cómo puedes relacionarlo con la realidad.

   Otra forma es aprender la habilidad del sueño lúcido, en cuyo caso, eres consciente de que estás soñando y tienes el control de lo que sea que estés soñando.

Si decides explorar estas estrategias, asegúrate de que te diviertes haciéndolo. Mantén la calma mental para asegurarte de obtener los resultados deseados. Sin embargo, no esperes tener éxito en tus primeros intentos. Tienes que ser paciente en el desarrollo de estas habilidades.

3. Refuerza tu creatividad.

Perfecciona tus habilidades creativas haciendo algo que no hayas hecho antes, algo que saque lo mejor de ti y que te haga estirar la mente.

Puede que tengas dudas sobre la eficacia de este ejercicio pero, créeme, es efectivo. Hacer algo nuevo - como aprender un oficio, crear obras de arte o escribir cuentos o poemas- puede ayudarte a estirar la mente. Te ayuda a relajarte y hace aflorar tu creatividad.

Hacer los ejercicios mencionados a diario te permitirá abrir lentamente el tercer ojo, pero esto es sólo el principio. Si quieres dominar el uso de tu sexto sentido, tienes que ser constante en la práctica. Desarrollar el tercer ojo y potenciarlo debe formar parte de su estilo de vida e incluirse en su rutina diaria.

Los siguientes consejos pueden ayudarte a despertar tu tercer ojo:

1. La intuición es el propósito principal de tu tercer ojo, y por eso es importante practicarlo, ejercitarlo y dominarlo.

2.   Reflexiona y medita a menudo para ser mejor en notar las señales que tu tercer ojo está tratando de mostrarte.

3.   La voz de tu tercer ojo es un susurro y ésta es la razón principal por la que tienes que aprender a pasar tiempo en silencio y calma. Tanto el silencio como la calma pueden ayudarte a escuchar con más atención y acierto lo que tu tercer ojo quiere transmitirte.

4.   Aprende a fortalecer la energía de tu chakra de la garganta, ya que puede ayudarte a desentrañar poderosamente la energía de tu tercer ojo.

5.   Como se mencionó anteriormente, realiza actividades que aprovechen tu creatividad y permitan que tu imaginación vuele alto.

6.   Desarrolla tu atención plena realizando ejercicios de meditación de atención plena. Curiosamente, hay muchos vídeos instructivos en Internet sobre este tema. Sin embargo, si es la primera vez que realizas una actividad de este tipo, te recomiendo que primero hagas algunas sesiones de yoga. De este modo, estarás guiado por un profesional cuando realices los primeros ejercicios de yoga y meditación. Tan pronto como te sientas cómodo haciéndolos por tu cuenta, puedes utilizar vídeos instructivos como guía. Asegúrate de hacer estos ejercicios a diario. Una vez al día durante unos treinta minutos o una hora es suficiente, pero si puedes hacerlo más de una vez al día, no dudes en hacerlo.

La meditación de atención plena te permite aprender a respirar con atención. La respiración consciente te permite conseguir una mente en calma que, a la larga, te permitirá abrir el tercer ojo. La respiración consciente también te permite equilibrar tu sistema de chakras.

7.   Rodéate de gente que haga uso de su tercer ojo como si fuera algo normal, porque realmente aprenderás mucho de ellos. Lo más probable es que los encuentres en centros de bienestar y sanación. También hay una serie de lectores de aura y practicantes de Reiki que se pueden encontrar en Internet en foros de grupos de Facebook.

8.   Cambia o mejora el espacio de tu casa o de cualquier lugar en el que vayas a meditar con regularidad. Es posible que desee incorporar el índigo - o un toque de azul y violeta - en la habitación porque el índigo es el color asociado con el tercer ojo. Esto puede incluir una combinación de velas azules y violetas, incienso, cortinas, alfombras, cojines o almohadas. Añadir iluminación azul y/o violeta ayudará definitivamente a establecer el tono. Además, es posible que desees comenzar a usar ropa o accesorios con un toque de añil - como joyas de color violeta o azul.

9.   Crea tu propio diario de sueños. Es bastante difícil recordar nuestros   sueños. Pero si eres consciente de ello y practicas recordarlos a diario, podrás recordarlos mejor. Lleva siempre un diario de sueños junto a la mesilla de noche. Cada noche, antes de dormir, recuérdate a ti mismo que no olvidarás tus sueños. En cuanto te despiertes, recuerda tu sueño y escríbelo inmediatamente en tu diario de sueños. Reserva espacio suficiente para escribir la interpretación de tus sueños.

10.   También se recomienda añadir fragancias que puedan ayudar a equilibrar y abrir el sistema de chakras, como las fragancias de aceites esenciales en tu casa, en tu baño, en tu cuerpo y en el espacio donde pretendas celebrar tus sesiones de meditación de forma regular. Entre las fragancias recomendadas están el sándalo, la mirra, la manzanilla romana, el pomelo y la nuez moscada.

11. Consume alimentos y bebidas procedentes de frutas y verduras de color violeta y/o azul. Esto incluye grosellas negras, moras, arándanos, uvas, berenjenas, ciruelas pasas, acelgas arco iris y remolachas.

Comportamientos que hay que abandonar

Por supuesto, si hay ejercicios que te ayudarán a estar más cerca de despertar tu tercer ojo, también hay hábitos y comportamientos que debes abandonar. Estos incluyen:

1. Abandonar fácilmente.

    Como se mencionó anteriormente, necesitas tener mucha paciencia si pretendes dominar el despertar de tu tercer ojo. No es algo que sucederá de la noche a la mañana. Se necesita mucha práctica, concentración e información para poder dominarlo.

    Saber meditar te lleva un paso más cerca de abrir tu tercer ojo. Sin embargo, esto no significa necesariamente que lo domines. También es una buena idea aprender todo lo que puedas sobre las diferentes habilidades que se pueden desarrollar a través del acceso a tu tercer ojo. Los libros y los vídeos son dos de las herramientas más disponibles que aumentarán tus conocimientos sobre el tercer ojo, los siete chakras, el Reiki, las auras, la interpretación de los sueños y las proyecciones astrales, entre otros.

    Por lo tanto, si eres principiante, tienes que prever que te espera un largo camino de educación y práctica.

2. Negarse a romper viejos hábitos que atraen energías negativas.

A veces, no importa cuántos libros lea una persona sobre el tercer ojo ni cuántas veces haya asistido a sesiones de meditación, parece como si su tercer ojo no pudiera despertarse. Como se indica en el punto # 1, si alguna vez experimenta personalmente tal dilema, tiene que recordar ser paciente en todo momento. Sin embargo, aparte de ser paciente, también es necesario que te ayudes a ti mismo para averiguar por qué las estrategias que has estado aplicando no parecen funcionar en absoluto. Tal vez una de las razones sea que no has dejado atrás los hábitos que generan energías negativas. Estos hábitos pueden incluir una relación tóxica, una dieta poco saludable, un entorno perjudicial tanto en casa como en el trabajo y emociones negativas derivadas de acontecimientos del pasado. Si estás decidido a desarrollar tus habilidades psíquicas, debes aprender a dejar ir estos hábitos negativos.

3. Absorción de energías negativas.

En la mayoría de los casos, las personas que poseen energías negativas son las empáticas. Les encanta escuchar las preocupaciones de los demás, les encanta dar consejos y, sobre todo, les encanta ponerse en el lugar de las personas problemáticas con las que hablan. Las cargas de los demás se convierten también en sus cargas. En otras palabras, captan fácilmente las energías negativas que poseen los demás. Si eres una persona empática, será mejor que hagas algo para controlar tus pensamientos y emociones.

No hay nada malo en expresar tu preocupación hacia los demás y hacerles saber que no están solos en este mundo; de hecho, es un buen rasgo. Sin embargo, si puedes captar fácilmente las energías negativas de una persona, también debes aprender a desprenderte fácilmente de esas energías negativas y llenarte de energías positivas en su lugar.

Una forma de hacerlo es participando en actividades físicas, ya sea en el gimnasio, practicando algún deporte o simplemente dando una vuelta a la manzana.

¿Te has dado cuenta de lo enérgicos que son los niños y de lo llenos que están de positividad? Una de las razones es que siempre están físicamente activos. Están constantemente jugando, moviéndose, corriendo, saltando, etcétera. Tú también puedes ser como ellos si encuentras tiempo cada día para hacer ejercicio. No tienes por qué ir al gimnasio. Puedes simplemente correr por tu barrio o hacer ejercicios en casa. Lo importante es que hagas un esfuerzo consciente para mantenerte en forma con regularidad.

4. Utilizar la meditación de forma perjudicial.

Hay personas que utilizan la meditación como una estrategia para escapar de la vida. Sin embargo, no es así como la meditación debe funcionar, especialmente si su objetivo es perfeccionar sus habilidades psíquicas.

La meditación debe ayudarte a ser consciente. No se supone que te haga escapar de la vida, sino que, por el contrario, debería hacerte vivir una vida mejor.

Si tu objetivo al utilizar la meditación es olvidarte del mundo real, esto puede suceder si no tienes cuidado. Debes recordar que la meditación no te lleva a otro mundo. En cambio, la meditación te ayuda a abrir tu tercer ojo para que puedas ver el mundo real en su totalidad.

Capítulo 3: El Arte de Equilibrar los Chakras

Los chakras son los puntos focales del cuerpo astral utilizados en diferentes prácticas antiguas de meditación. Estas prácticas antiguas incluyen el tantra, el budismo esotérico japonés, el budismo tibetano, el taoísmo chino y la religión india. Estas prácticas se han adaptado en la era posmoderna y se conocen con diversos nombres, como medicina de la Nueva Era, medicina alternativa y pseudomedicina, entre otros.

En este capítulo, te hablaremos brevemente de los distintos chakras, del impacto que cada uno de ellos tiene en tu vida y de los métodos para equilibrarlos. ¿Por qué es importante hablar de esto? Es importante porque como pronto aprenderás, tu tercer ojo es uno de estos puntos de energía chakra.

¿CUÁLES SON LOS DIFERENTES TIPOS DE CHAKRAS?

1. El Chakra Coronario

Este punto focal también se conoce como Sahasrara. Se considera el primer chakra de nuestro cuerpo astral y se le conoce como la "corona" porque está situado en la parte superior de nuestra cabeza.

Si parece que ya no puedes encontrar el sentido de la vida, significa que tu Chakra Coronario está desequilibrado. Si, por el contrario, aprecias la belleza de la vida y puedes identificar claramente tu propósito en la vida, significa que tienes un Chakra Coronario equilibrado.

El Chakra Coronario está asociado con el loto violeta.

2. El Tercer Ojo

El tercer ojo, como ya se ha mencionado, es uno de nuestros chakras. Se le conoce como el tercer ojo porque está situado cerca de los ojos, justo entre las cejas.

Si te preocupas excesivamente por tu futuro y tienes un miedo irracional a fantasmas o espíritus, lo más probable es que haya bloqueos en tu tercer ojo. Estos bloqueos también pueden impedirle enfrentarse a la verdad. Sin embargo, existen métodos para tratar este problema que también ayudan a perfeccionar tus facultades intuitivas.

El tercer ojo está asociado al loto índigo.

3. El chakra de la garganta

Este punto focal se sitúa en la base de la garganta y está relacionado con la comunicación y la creatividad. Si te parece que tienes dificultades para expresar tus emociones y escuchar a los demás, es porque hay bloqueos en este chakra.

El chakra de la garganta está asociado al loto azul.

4. El chakra del corazón

Este punto focal se sitúa aparentemente en el corazón y está vinculado a tu capacidad para expresar amor y compasión. Los bloqueos que se encuentran en este chakra a menudo -si no la mayoría de las veces- son el resultado de experiencias de trauma, traición y rupturas. Por el contrario, un chakra del corazón sano permite experimentar la autoaceptación, el amor propio y el amor incondicional.

El chakra del corazón está asociado al loto verde.

5. El plexo solar

El Chakra del Plexo Solar está situado en la región abdominal, en medio de la caja torácica. Está relacionado con la fuerza y el poder personales. También está relacionado con el sistema digestivo. Los bloqueos en este chakra te debilitarán físicamente. Está asociado a varios problemas de salud, como la diabetes, las úlceras y otros dolores de estómago.

El plexo solar está asociado al loto amarillo.

6. El Chakra Sacro

Este punto focal se sitúa cerca de los genitales y del ombligo. Se asocia con problemas de salud que afectan a la función urinaria, el aparato reproductor y la sexualidad, entre otros. Al igual que el chakra de la garganta, el chakra sacro también está relacionado con tus habilidades creativas. Pero aparte de eso, este punto focal también tiene que ver con tu conciencia sensual. Las experiencias de abuso sexual pueden provocar bloqueos en este punto focal.

El chakra sacro está asociado con el loto naranja.

7. El Chakra Raíz

Este punto focal se sitúa cerca de la columna vertebral. Se considera la representación de todo el sistema de chakras y, por lo tanto, está relacionado con su capacidad para sobrevivir a la vida en general. Se centra en tus necesidades fundamentales, como la comida y el cobijo. Un chakra raíz poco saludable puede causar enfermedades relacionadas con la columna vertebral. También puede provocar inseguridades y miedo a la pérdida.

El chakra raíz se asocia con el loto rojo.

EQUILIBRIO DE LOS CHAKRAS

Ya sabes que el tercer ojo es sólo uno de los siete chakras. Aunque este libro se centra en el despertar del tercer ojo, es importante saber que todos los chakras están conectados entre sí. Por lo tanto, todos tienen que estar equilibrados para que puedas abrir y utilizar tu tercer ojo con éxito.

Existen varios métodos para equilibrar los chakras. Algunos de los más comunes son la meditación, el yoga, los ejercicios de respiración como el pranayama y la medicina holística o alternativa. También se pueden utilizar métodos curativos como el Reiki, la terapia craneosacral y la sanación pránica.

Equilibrar tus chakras es importante para tu vida diaria, ya que te ayuda a mejorar o mantener un nivel de energía positivo. Cada día, estás expuesto a diferentes actividades que pueden estresarte al final del día. Por mucha energía que tengas por la mañana y por muy interesantes que sean tus actividades, puede que al final del día te sientas cansado y tu nivel de energía disminuya. La mayoría de las veces, por muy productivo que seas al final del día, siempre habrá tropiezos en el camino que te harán bajar la energía. Estos niveles bajos de energía, si no se abordan de inmediato, pueden acumularse cada día y agravarse. Poco a poco, puedes encontrarte arrastrándote hacia un punto bajo en la vida. Por eso tienes que aprender a equilibrar tus chakras antes de que sea demasiado tarde. Además, un sistema de chakras equilibrado significa que eres física, mental y espiritualmente estable.

Crear un entorno propicio para la meditación

Si realmente quieres equilibrar tus chakras y meditar a diario, te sugiero que crees un espacio en tu casa destinado específicamente a la meditación.

Por supuesto, es una buena idea inscribirse primero en sesiones de meditación o yoga para aprender a hacer los ejercicios correctamente. Es una buena forma de empezar, pero una vez que te sientas cómodo con el yoga y la meditación, te resultará mucho más cómodo realizar estas actividades en casa.

Debes procurar crear un espacio que fomente la calma y la relajación. Incorpora efectos de iluminación con colores que te recuerden al sistema de chakras. Por ejemplo, puede incorporar una iluminación verde esmeralda, ya que este color se asocia a la restauración del cuerpo físico.

También puedes incorporar un efecto de iluminación violeta, ya que este color te recordará que debes desprenderte de las experiencias dolorosas. Se dice que el violeta es una combinación de tres colores: azul zafiro que representa el Divino Masculino, rosa rosado que representa el Divino Femenino, y dorado que representa la Conciencia Crística.

Un efecto luminoso de rosa rosa también sería estupendo en tu espacio de meditación, especialmente si anhelas la sanación interior o la protección del niño interior. La rosa rosada está asociada a tu relación con la Madre Divina.

También se recomienda una iluminación amarilla que te recuerde a la luz del sol. Se asocia con la Iluminación Divina y la Sabiduría Divina.

También se recomienda una iluminación dorada, ya que promueve la paz en su sentido más verdadero. El dorado es un color que puede estabilizar todos los campos energéticos.

Depende de ti si deseas incluir todos o sólo algunos de los colores mencionados. Lo importante es que tu iluminación aporte paz interior y tranquilidad.

Aparte de las luces, los colores mencionados también pueden utilizarse para otros elementos que coloques en tu zona de meditación. Por ejemplo, puedes decidir colgar cortinas de color violeta y rosa rosado. Si lo deseas, puedes colocar una gran alfombra verde esmeralda y llenar la zona con velas aromáticas amarillas y doradas e incienso. Por supuesto, puedes añadir mesas de centro, sofás o cojines. Todo depende de ti. De nuevo, lo importante aquí es que la zona fomente con éxito la paz y la calma.

También te sugiero que pongas música suave y relajante. La música instrumental es muy recomendable.

Meditación de atención plena

La meditación de atención plena es un tipo de meditación que te permite ser plenamente consciente de lo que ocurre a tu alrededor y de lo que te ocurre a ti hasta el más mínimo detalle. En primer lugar, te permite ser consciente de todo lo que haces, incluida la forma en que respiras, la forma en que estás sentado y todas las demás cosas en las que nunca antes habías reparado. Además, te permite ser consciente de la posición de los objetos que le rodean. Por ejemplo, ¿puedes describir específicamente cómo está colocada tu lámpara de noche encima de la mesilla de noche? Probablemente no. Pues bien, con la meditación de atención plena, aprenderás a ser plenamente consciente de todo, y esto te permitirá despertar tu tercer ojo.

Ahora, permíteme hablarte de dos tipos de meditación de atención plena.

1. Meditación Cuerpo y Sonido

Empieza por encontrar tu posición más cómoda, ya sea sentado, de pie o tumbado. A continuación, mira ligeramente hacia abajo. No tienes que cerrar los ojos ni inclinar la cabeza. Simplemente tienes que bajar los ojos sin mover la cabeza. Si estás sentado o de pie, puedes simplemente mirar al suelo. Recuerda que debes estar en tu estado más cómodo. No mueva la mirada.

Ahora, presta atención a la posición de cada una de las partes de tu cuerpo. ¿Tienes el cuello ligeramente doblado hacia la derecha o hacia la izquierda? Si está doblado, enderézalo lentamente.

¿Está el hombro derecho más alto que el izquierdo? Si es así, corrige suavemente tu postura de modo que tus hombros estén colocados de manera uniforme.

¿Estás encorvado? Si es así, siéntate recto o ponte recto. Si estás tumbado, endereza la postura.

¿Dónde tienes las manos? Si estás sentado, ¿tienes las manos sobre el regazo? ¿Cómo está colocado cada dedo? No hace falta que te mires las manos. Simplemente siéntelas. Tus ojos deben estar enfocados donde han estado desde el principio.

¿Cómo están colocadas las piernas? ¿Y los pies y los dedos de los pies?

A continuación, presta atención a tu respiración. Sé consciente de cómo inhalas el aire y cómo lo exhalas. Sé consciente de cómo late tu corazón. ¿Late rápido o despacio? Respira profunda y lentamente para calmar los latidos.

Ahora, escucha los diferentes sonidos que te rodean. ¿Hay silencio? ¿Cantan los pájaros? ¿Se oye el susurro de las hojas al otro lado de la ventana? ¿Pones música suave? ¿Te oyes respirar?

Presta atención a todas estas cosas. Si de repente notas que pierdes la concentración, vuelve a centrarte en la respiración. Durante los primeros intentos, perderás la concentración varias veces. No pierdas la paciencia. Le ocurre a todo el mundo. Incluso los meditadores experimentados pierden la concentración a veces. Cada vez que tu mente empiece a divagar, vuelve a concentrarte en la respiración y continúa a partir de ahí.

Realiza estos ejercicios durante unos cinco o diez minutos al día. Sin embargo, si te apetece hacerlo más de una vez al día o durante más tiempo, no dudes en hacerlo. Lo principal es que medites sistemáticamente todos los días. Puedes hacer estos ejercicios tan a menudo como quieras.

2. Meditación Amorosa

Empieza este ejercicio buscando la postura más cómoda para sentarte. El objetivo de este ejercicio es permitirte cultivar emociones positivas.

Se trata de un ejercicio sencillo, ya que sólo tienes que pensar en algo o en alguien que te haga sentir realmente feliz. Por ejemplo, puedes pensar en una canción que te haga feliz cada vez que la escuchas. También puedes pensar en una persona que siempre te hace sonreír y reír. Muchas personas eligen pensar en sus hijos pequeños o en sus mascotas, porque te quieren incondicionalmente y rara vez se asocian con emociones negativas.

Imagina como si el objeto, la mascota o la persona estuvieran justo delante de ti. Fíjate en sus rasgos.

¿Cómo están colocados delante de ti? Presta atención al aspecto físico de la persona en tu mente. ¿Cómo son de grandes o pequeños sus ojos? ¿Cuánto pelo tiene? ¿Qué lleva puesto?

A continuación, sé consciente de cómo te sientes cada vez que piensas en esa canción, objeto, persona o mascota. ¿Sientes calor? ¿Te sientes feliz? ¿Te hacen sonreír? ¿Te gusta lo que sientes? Sé consciente de cómo late tu corazón. Da gracias por sentirte bien.

Ahora, di algo. Si eliges un objeto, un lugar o una canción, di algo sobre ese objeto o canción. Si eliges una persona o una mascota, dile algo directamente. Háblales. Pídeles un deseo, por ejemplo, que tengan buena salud, que siempre estén a salvo, que siempre sean felices, etc. Busca cosas buenas que decirles y diles algo. Encuentra cosas buenas que decirles y sobre ellos. Observa cómo este ejercicio te hace sentir bien.

A continuación, centra tu imagen mental en ti mismo. Háblate a ti mismo. Desea lo mejor para ti: que tengas buena salud, que estés siempre a salvo, que seas siempre feliz, etc. Encuentra cosas buenas que decirte a ti mismo y a los demás. Encuentra cosas buenas que decirte a ti mismo y sobre ti mismo. Observa cómo este ejercicio también te hace sentir bien.

Ahora, pregúntate qué otras cosas podrían hacerte más feliz en tu vida. ¿Te haría más feliz que los miembros de tu familia desarrollaran una relación más estrecha? ¿Serías más feliz si tuvieras un trabajo mejor? ¿Te haría más feliz saber que tus amigos y tu familia tienen una vida mejor?

Con tu imagen mental actual, habla con ellos y deséales lo mejor. Deséales que estén llenos de alegría y amor en todo momento. Deséales que se liberen de las penas y el miedo. Deséales éxito. Si tu imagen mental incluye el deseo de tener un trabajo mejor, vuelve a hablar contigo mismo y deséate tener una vida profesional mejor. El objetivo principal de este ejercicio es fomentar el amor y la bondad.

Haz este ejercicio durante al menos diez minutos. Sin embargo, si puedes hacerlo durante más de diez minutos, hazlo.

Algunos practicantes y estudiantes de meditación hacen este ejercicio con los ojos cerrados. Si prefieres tener los ojos abiertos, también está bien. Lo que te ayude a concentrarte es lo mejor.

Puedes hacer este ejercicio a menudo a lo largo del día. Por ejemplo, mientras vas de camino al trabajo puedes aprovechar para tener pensamientos felices y desear lo mejor a los demás. Algunas personas incluso hacen este ejercicio durante la pausa para comer, mientras caminan por la acera de camino al restaurante o a la cafetería. Cada vez que encuentran un rato libre, intentan hacer un hueco para este ejercicio. Así mantienen un aura positiva durante todo el día y transmiten buenas vibraciones a los demás.

Te sugiero encarecidamente que realices estrictamente estos dos tipos de meditación de atención plena durante tres o cuatro semanas antes de probar cualquier otra forma de meditación. Esto te ayudará a desarrollar el hábito de la meditación diaria y prepararse para desbloquear aún más su tercer ojo y el desarrollo de tus habilidades psíquicas.

Meditación de los Chakras

Este tipo de meditación te permitirá equilibrar todo tu sistema de chakras. Recuerda, sigue la meditación de atención plena durante unas semanas antes de pasar a esta práctica de meditación más avanzada.

Aquí tienes las instrucciones paso a paso para hacer esta meditación de los chakras:

1. Encuentra un lugar propicio para la meditación. Si tienes una zona de meditación en casa, utilízala. Si no, busca un lugar tranquilo alternativo donde puedas realizar tu meditación de los chakras.

2. Tienes que encontrar una postura cómoda para sentarte. Puedes optar por sentarte recto en una silla o sentarte en el suelo con las piernas cruzadas.

3. Cierra suavemente los ojos, presta atención a la forma en que respiras y relaja el cuerpo y la mente.

4. Mientras inspiras y espiras, presta atención a la forma en que te sientas. Sé consciente de cuánto peso apoyas en la silla o en el suelo.

5. Al igual que en los ejercicios de meditación de atención plena, presta atención a cada una de las partes de tu cuerpo. Presta atención a los sonidos que te rodean. Presta atención a la iluminación. Sé consciente del aire que circula dentro de la habitación.

6. Crea una imagen mental del cielo sobre ti y de los alrededores justo fuera de tu casa o justo donde estás haciendo tu meditación de los chakras.

7. Relaja la mente. Deja que tu mente libere pensamientos e imágenes negativas. Deja que tu cuerpo libere todas las emociones y sentimientos. Despeja tu mente y tu cuerpo. Simplemente sé consciente de las cosas que este ejercicio te indica que hagas.

8. Sé consciente de cómo el peso de tu cuerpo descansa justo debajo de la columna vertebral y en el chakra raíz. Crea una imagen mental con el rojo como color dominante.

9. Mueve tu imagen mental hacia arriba, hacia tu estómago, y concéntrate gradualmente en tu chakra sacro. Incorpora el color naranja a tu imagen mental. Esto promueve la motivación, el empoderamiento y el equilibrio.

10. Mueve gradualmente su imagen mental hacia la caja torácica y concéntrate en el plexo solar. Imagínate bañándote bajo el sol, ya que es la forma más idónea de incorporar el color amarillo a tu imagen mental. Esto promueve la reposición, la restauración y la nutrición. Con tu imagen mental actual, recuérdate a ti mismo que te valoras mucho.

11. Repite el mismo proceso, pero esta vez pase al chakra del corazón. Dite a sí mismo que darás amor libremente a todo el mundo y que siempre te sentirás completamente amado. Imagínate a ti mismo expresando amor a todo el mundo mientras los demás corresponden lo que tú les expresas. Incorpora el color verde en tu imagen mental mientras resaltas la nutrición, la renovación y la curación.

12. Pasa al chakra de la garganta. Domina tu imagen mental con el tono azul. Recuerde que el chakra de la garganta promueve la voluntad personal y la autoexpresión. Imagínese sentado en la playa bajo un cielo azul intenso. Dite a ti mismo que siempre escucharás y dirás la verdad. Recuérdate a ti mismo que siempre debes expresarse genuinamente.

13. Ahora, pasa a tu sexto sentido o tercer ojo. Dite a ti mismo que las cosas se desenvolverán como deben. Recuérdate a ti mismo ver cosas buenas que están más allá de lo que el ojo desnudo puede ver. Llena tu imagen

mental con el tono índigo. Este chakra resalta la sabiduría y la intuición.

14. Por último, has llegado al chakra superior, comúnmente conocido como chakra de la coronilla. Cambia el tono de tu imagen mental de índigo a violeta. Dígase con confianza que es uno con el universo. Dite a ti mismo que es un ser perfecto y que está entero y completo.

15. Una vez más, presta atención a los sonidos que te rodean. Presta atención a tu postura. Observa lo positiva que se ha vuelto tu aura. Ahora, abre suavemente los ojos.

Antes te aconsejé que practicaras la meditación de atención plena al menos una vez al día, todos los días. Pero si puedes practicarla más de una vez al día, también te animo a que lo hagas. Sin embargo, cuando se trata de la meditación de los chakras, no te sugiero que la practiques todos los días. Esto sólo debe hacerse si y cuando te sientes como si necesitas para limpiar, equilibrar y restaurar tus chakras. Muchos practicantes eligen hacer esto una vez al mes.

Capítulo 4: Familiarízate con Tu Yo Superior

En este capítulo, aprenderás sobre tu Yo Superior y cómo puedes familiarizarte con él.

Tu Yo Superior es en realidad tu propio espíritu, que posee los dones de la clarividencia, la intuición y otros similares. Para dominar el uso de su Yo Superior, necesita la ayuda de su subconsciente.

¿Sabías que tu subconsciente es más poderoso que tu mente consciente? Y quiero decir, mucho más poderoso. Tu subconsciente tiene la capacidad de almacenar todas tus experiencias pasadas, tanto las buenas como las malas. Si quieres despertar tu Yo Superior, debes aquietar tu yo inferior que es tu ego. Al hacerlo, tienes que dejar ir las emociones negativas dentro de ti que fueron provocadas por tus experiencias negativas del pasado.

Cuando digo que debes aquietar tu ego, significa que debes aprender a dejar ir. Aprende a olvidar, a perdonar y a confiar. Aprende a dejar de despotricar, quejarte, juzgar y culpar a los demás y a ti mismo. En otras palabras, aprende a seguir adelante y a centrarte más en la belleza de la vida.

Estos son algunos pasos iniciales para dejar ir el ego y entrar en contacto con tu Ser Superior:

1. Expresa tu firme convicción de que existe realmente un Ser Superior con el que puedes comunicarte. Tienes que tener la convicción y el positivismo de que hablar con tu Ser Superior a diario mejorará enormemente la relación de tu cuerpo físico con tu espíritu. Esto eventualmente te llevará a mejorar tu crecimiento interior.

2. Mejora tu forma de ver el mundo. Todos somos conscientes de que vivimos en un mundo materialista. Siempre hay un precio que pagar para sobrevivir en el mundo real. Lamentablemente, esto nos impide darnos cuenta de que también existe un reino espiritual que necesita nuestra atención. Aprende todo lo que puedas sobre la espiritualidad y el reino espiritual.

3. Abraza la soledad. Encuentra alegría y relajación en estar solo. Ésta es una de las razones por las que deberías crear una zona de meditación en casa. De esta forma, puedes practicar el estar solo en un área y disfrutar de cada parte de la experiencia.

   Practica esta actividad simplemente sentándote a solas en tu zona de meditación o en cualquier otro lugar propicio para la meditación. No hagas nada ni esperes nada. Simplemente siéntate en silencio. Libera tu mente de los problemas y de todas tus tareas pendientes.

   Escucha tu voz interior porque siempre tiene algo que decirte. Te dará detalles importantes que necesitas. Te proporcionará información que, en última instancia, te ayudará a tomar decisiones. Permitirá que sucedan cosas, cosas que están a su favor. Muchas, si no todas, las personas de éxito en el mundo han sido conocidos por tomar el tiempo para estar solo en la soledad. Siempre han sido conocidos por encontrar constantemente el tiempo para mejorar su relación con su ser interior.

4. Haz ejercicios de meditación a diario. Ya hemos hablado de ello en el capítulo anterior. Sin embargo, hay muchas formas de ejercicios de meditación para elegir. Quizá quieras familiarizarte con algunas de ellas

y elegir las que más te convengan. Como se mencionó anteriormente, la mejor manera de aprender sobre las diferentes técnicas de meditación es asistiendo primero a clases de meditación y yoga dirigidas por instructores profesionales. Definitivamente aprenderás mucho de ellos - no sólo las diferentes posturas de meditación y yoga, sino también sobre el diseño interior de su sala de meditación, el aroma que utilizan que promueve la calma y la música de fondo que ponen.

5. Lleva un diario. Escribe no sólo cómo te sientes a diario, sino también tus ideas y objetivos. Y lo que es más importante, documenta siempre tus sueños a diario. Al principio, esto puede parecer difícil de hacer porque, en la mayoría de los casos, tendemos a olvidarnos de nuestros sueños en cuanto nos despertamos. Un consejo es decir esto en voz alta antes de dormir: "Prometo recordar mis sueños en cuanto me despierte". Durante los primeros días, es posible que sigas sin recordar tus sueños. No pierdas la esperanza. Repítete constantemente que recordarás tus sueños y, por la mañana, haz todo lo posible por recordarlos. Después, escríbelos enseguida en tu diario; por eso es mejor tenerlo junto a la mesilla de noche. Actualizar tu diario debe formar parte de tus rituales matutinos y nocturnos.

Tienes que documentar tus sueños porque los sueños tienen interpretaciones. Puede que tus sueños te estén diciendo algo que sigues ignorando. También es mejor que en tu diario dejes espacio suficiente después de cada entrada para que puedas volver a las entradas anteriores y anotar las interpretaciones de tus sueños.

Acostúmbrate no sólo a documentar lo que ocurre cada día. Documenta también tus objetivos y tus planes de acción. Escribe todos tus pensamientos. Así, tu mente y tu cuerpo estarán siempre alineados con tus objetivos.

6. Comunícate constantemente con tu Ser Superior. Al principio, puede que sientas que te estás engañando a ti mismo y que parece una comunicación unidireccional. Continúa hablando con tu ser interior aunque no recibas ninguna respuesta. Con el tiempo, te sorprenderá ver cómo se presentan las respuestas a tus preguntas. Escucha atentamente tu voz interior. Tarde o temprano, aprenderás a desentrañar tu Yo Superior.

7. Aprende de las lecciones de la vida. Vive la vida cada día con la mentalidad de que has nacido para experimentar la bondad de la vida. Si ocurre algo malo, esfuérzate siempre por descubrir las lecciones que hay detrás de tus malas experiencias. Si te ocurren cosas buenas, no dejes nunca de descubrir las lecciones de ellas también.

Capítulo 5: Confía en Tus Instintos

El instinto o la intuición se refieren a tu capacidad de adquirir conocimientos incluso sin razonamiento consciente ni pruebas. De hecho, la forma en que adquieres ese conocimiento también escapa a tu comprensión.

Parece como si hubiera una vocecita que oyes una y otra vez dentro de tu cabeza. Parece como si sintieras un hormigueo bajo la piel. Parece como si tu mente y tu cuerpo te dijeran algo. Cuando experimentes estas cosas, no las ignores. Escucha esa vocecita y comprende lo que sientes. Sin embargo, debes ser capaz de interpretarlo correctamente. La clave para hacerlo es ser consciente de todo lo que te ocurre, de todo lo que ocurre en ti y de todo lo que ocurre a tu alrededor. Esta es la razón por la que la meditación de atención plena es significativa para su decisión de perfeccionar el uso de su tercer ojo, así como sus habilidades psíquicas.

He aquí algunos consejos para prestar atención a tus instintos:

1. **Sé consciente de cómo se siente tu cuerpo.**

   ¿Te sientes bien o como si algo fuera mal?

   ¿Alguna vez has experimentado momentos en los que parece como si te sintieras débil o como si algo fuera tóxico, pero no consigues identificar con claridad lo que sientes exactamente? Pero el hecho de que no puedas identificar exactamente qué es lo que va mal no significa que debas simplemente ignorar lo que sientes. Lo peor que puede pasar es que un pequeño problema se convierta en un gran dilema por culpa de la negligencia.

Ten en cuenta que los síntomas físicos tienen significados.

Por ejemplo, nunca ignores si sientes que tu nivel de energía disminuye cada vez que estás cerca de una persona concreta. ¿Alguna vez has pasado tiempo con una persona que te da sueño a pesar de ser una persona alegre? ¿Has pasado también tiempo con una persona que te da alegría a pesar de ser un "hombre de pocas palabras"? Verás, que una persona parezca alegre no significa necesariamente que desprenda un aura positiva. Del mismo modo, que una persona sea callada o parezca aburrida no significa necesariamente que desprenda un aura negativa.

Esto es lo que significa el refrán "Las apariencias engañan" en su sentido más verdadero. Por tanto, lo correcto es estar atento y vigilante en todo momento. Concéntrate en lo que sientes y no sólo en lo que ves.

2. **No ignores la sensación de peligro.**

¿Alguna vez te has sentido incómodo cada vez que estabas cerca de una persona en particular?

¿Alguna vez te has sentido incómodo con alguien que acabas de conocer?

¿Alguna vez te has sentido incómodo al estar de pie o sentado junto a un desconocido? Esto no ocurre con todos los desconocidos. Pero de vez en cuando habrá alguien que te haga sentir incómodo como si algo malo fuera a ocurrir.

En momentos así, tienes que hacer caso a tu intuición y actuar antes de que ocurra algo malo.

3. **No ignores la sensación de peligro aunque no se trate de ti.**

Debes aprender a detectar el peligro no sólo si te afecta a ti, sino también si afecta a otras personas. Hay una parte de tu cerebro que te permite pensar en los sentimientos de otras personas y experimentar empatía. Si aprendes a interpretar estos sentimientos de la manera correcta, aprenderás a intuir si alguien necesita tu ayuda urgentemente o no. Tu instinto también podrá guiarte sobre qué tipo de ayuda debes prestar a quienes están en peligro.

Ser capaz de ayudar a los demás tiene un impacto positivo en ti. Te ayuda a ser más feliz y mejora notablemente tu bienestar.

4. **No descuides tu instinto positivo.**

Hemos hablado mucho de ser conscientes para evitar que ocurran cosas malas. Pues bien, también deberíamos hacer hincapié en ser conscientes para permitir que ocurran cosas buenas.

Si te sientes realmente positivo con la gente y las oportunidades que te brindan, ¡aprovéchalas! Pasa tiempo con aquellos que desprenden energía positiva y, a su vez, ¡te ayudarán a que tu energía sea más positiva y vibrante!

Capítulo 6: Aprendizaje de la Meditación Personal

En este capítulo, nos centraremos en los distintos tipos de meditación que te permitirán experimentar una mejora personal. Estos ejercicios de meditación te ayudarán a sintonizar contigo mismo. Estos ejercicios te permitirán conectar con tu Ser Superior. Si, y cuando, tengas un sistema de chakras equilibrado y tengas un yo perfectamente sintonizado, te resultará más fácil confiar en tu instinto o en tu intuición.

Meditación del Yo Superior

Este ejercicio de meditación dura un mínimo de treinta minutos; por supuesto, tienes la opción de hacerlo durante más de treinta minutos. Mientras te sientas cada vez más positivo al hacer el ejercicio, no dudes en repetirlo una y otra vez.

Empieza por encontrar tu posición más cómoda: puedes estar de pie, sentado o tumbado. Asegúrate también de llevar ropa cómoda.

Cierra los ojos y concéntrate en tu respiración. Deja que el estómago se expanda al respirar profundamente y que se reduzca al exhalar.

Mantén la mente concentrada y relajada. Si notas que tu mente se distrae y empieza a pensar en otra cosa, vuelve a concentrarte en tu respiración y en cómo se expande y se contrae tu estómago. De vez en cuando, notarás que tu mente se desvía hacia otras imágenes mentales. Si esto ocurre, vuelve a centrar tu atención en la respiración.

Ahora, crea una imagen mental de ti mismo bajo un gran árbol. Haz que el árbol sea tan grande que sus ramas se extiendan exageradamente hacia el cielo, como si el árbol intentara conectarte con tu Ser Superior.

Ahora, imagina que un hermoso ángel aparece justo delante de ti bajo el árbol. Imagina que es tu Ser Superior. Está brillando maravillosamente y sonriéndote de verdad. Pídele que se combine contigo.

Luego, imagina que se transforma en una bola dorada que se mueve directamente hacia ti y dentro de ti. Entra en tu cuerpo a través del chakra de la coronilla. Siente la energía cálida entrando y cubriendo todo tu cuerpo. Tu Ser Superior es ahora uno contigo.

Intenta hacer preguntas a tu Ser Superior y observa cómo te responde. Lo más probable es que su respuesta sea a través de imágenes, palabras o sentimientos. Debes ser consciente y estar atento para no perderte las pistas que te da. Puede que las respuestas tarden en desvelarse ante ti, pero una cosa es segura: tu Yo Superior siempre se comunicará contigo.

Al principio, puede que te sientas raro haciendo esto pero, tarde o temprano, le cogerás el truco y empezarás a notar que tu conexión con tu Ser Superior se hace cada vez más fuerte.

Termina el ejercicio moviendo los dedos de las manos y de los pies. Presta atención a cómo los mueves. Presta atención a cómo inspiras y espiras. Después, abre suavemente los ojos.

Haz este ejercicio todos los días, ya que te ayudará a despejar la mente. Este ejercicio también es ideal si sientes que necesitas orientación en la vida.

Meditación de la Risa

Este ejercicio de meditación dura un mínimo de doce minutos. Se compone de tres partes en las que la primera es el estiramiento, la segunda la risa y la última la quietud.

Es aconsejable que realices este ejercicio a primera hora de la mañana, justo antes de desayunar. Sin embargo, si esto no es factible, asegúrate de hacerlo antes de comer o cenar.

1. **Estiramientos**

    Estira el cuerpo todo lo que puedas. Ponte de puntillas. Luego, junta las manos y, con los dedos entrelazados, estira los brazos justo por encima de la cabeza y deja que las palmas miren hacia arriba. Mantén esta posición durante diez segundos y suéltala.

    Cierra y abre la boca lenta y repetidamente para estirar los músculos de la cara y la mandíbula. La mejor forma de hacerlo es bostezando.

2. **Ríete**

    Después de este ejercicio de mandíbula, levanta lentamente las comisuras de los labios para formar una pequeña sonrisa. Luego, haz una sonrisa más grande - primero, sin mostrar los dientes, luego, eventualmente mostrándolos. A continuación, empieza a reír, pero sin forzar.

    Al principio, puede que te sientas raro riéndote sin motivo, pero al cabo de un rato te darás cuenta de que reír es realmente terapéutico.

    Está bien hacer este ejercicio con un compañero. De hecho, es más divertido hacerlo con alguien. Pero debes tener en cuenta que se supone que te ríes sin motivo alguno. Si estás con un compañero, no os riáis el uno del otro, sino el uno con el otro. No te rías de nadie ni de nada. Ríete sólo para hacer este ejercicio. Sé consciente de cómo te ríes. Sé consciente de cómo la risa te hace sentir por dentro. Sé consciente de cómo la risa te hace sentir bien. Ríete durante al menos cinco minutos.

3. Quietud

Después de cinco minutos, deja de reír y cierra lentamente los ojos. No hagas movimientos innecesarios. Permanezca lo más quieto posible.

A continuación, busque una postura cómoda. Puede continuar de pie si lo desea. Puede optar por sentarse o tumbarse. En este tipo de ejercicio, a la mayoría de las personas les parece mejor estar tumbadas.

Observa el silencio y siente la buena sensación que te produce el silencio. Observa cómo te relaja. Si notas que tu mente se desvía hacia otras cosas, vuelve a centrar tu atención en el ejercicio. Simplemente despeja tu mente y aprecia el silencio y la claridad mental y corporal que te proporciona.

Meditación para Dormir

1. Este ejercicio comienza tumbándose en la cama, en el suelo o sobre una esterilla de yoga con los ojos cerrados.

2. Al igual que en cualquier otra meditación de atención plena, debes prestar atención a tu postura. Presta atención a tu respiración. Inspira por la nariz y espira por la boca. Presta atención a las sensaciones que sientes mientras estás tumbado. ¿Sientes un

hormigueo? ¿La temperatura ambiente es fría o caliente? ¿Siente presión? ¿Sientes cómo se dilata y se encoge el estómago al inspirar y espirar? 2. ¿Te pica alguna parte del cuerpo?

3. Ahora, presta más atención a cada parte de tu cuerpo. Empieza por los dedos, concretamente por el pulgar derecho. ¿Notas alguna sensación? ¿Te pica? ¿Cómo está colocado? Fíjate en todos los detalles que puedas. A continuación, pasa al dedo índice y realiza el mismo proceso. A continuación, pasa a los siguientes dedos hasta completar la mano derecha.

4. Desplaza tu atención a la muñeca derecha y, a continuación, pasa al brazo derecho, al hombro derecho y, después, a toda la parte derecha del cuerpo hasta llegar al pie derecho y los dedos del pie. Una vez hecho esto, haz el mismo proceso con las partes izquierdas de tu cuerpo, empezando por el pulgar izquierdo.

5. No hagas ningún esfuerzo por analizar o comprender lo que sientes o cómo está colocada cada parte del cuerpo. Limítate a notarlas y observarlas.

6. No olvides prestar atención a tu respiración. Observa lo relajado que te sientes. Si en caso de que notes que una parte del cuerpo parece tensa, respira profundamente hasta que tu cuerpo se relaje.

7. No olvides prestar atención a todas las partes de tu cabeza, empezando por la barbilla hasta la coronilla.

8. Observa cómo te relaja este ejercicio. Saborea el momento. Continúa tumbado y relajado.

9. A continuación, repite el proceso de nuevo. Vuelve a ser consciente de cada parte de tu cuerpo empezando de nuevo por el pulgar derecho.

10. Repite el proceso al menos dos veces, aunque no hay límite en cuanto al número de veces que puedes repetir esta meditación.

Capítulo 7: Los Mitos sobre los Poderes Psíquicos

Los fenómenos psíquicos, como todos sabemos, no pueden explicarse claramente mediante las leyes de la ciencia. Aunque los científicos no pueden encontrar pruebas adecuadas que demuestren la existencia de tales fenómenos, hay sucesos que no pueden explicarse sólo con la ciencia y, por tanto, entran en la categoría de pseudociencia. Sin embargo, debido a que cada vez más personas afirman haber tenido estas experiencias, los científicos han empezado a explorar este tema.

Puede que muchas personas no crean en los fenómenos psíquicos, pero muchas sí lo hacen. Lo creamos o no, muchas de ellas son las personas ricas y famosas que conocemos, como las actrices Angelina Jolie, Cameron Diaz y Sarah Jessica Parker. Por supuesto, también hay empresarios famosos como Henry Ford y Bill Gates. Todos ellos creen que estos fenómenos han tenido un gran impacto en su excepcional éxito.

Hoy en día, muchas personas han comenzado a desarrollar y practicar sus habilidades psíquicas. Ellos creen positivamente que les guía en la toma de decisiones. Creen firmemente que, a través de sus habilidades psíquicas, evitan que ocurran grandes problemas y se permiten elegir siempre el camino correcto.

A pesar de la popularidad de los fenómenos psíquicos, todavía hay, por supuesto, personas que se oponen fuertemente a ellos - de ahí la existencia de mitos sobre las habilidades psíquicas.

En este capítulo disiparemos algunos de los mitos más comunes sobre las habilidades psíquicas:

1. Las personas con habilidades psíquicas son malvadas.

Tener habilidades psíquicas es una capacidad natural que cualquier ser humano puede poseer. Al igual que cualquier otra habilidad, las habilidades psíquicas también pueden desarrollarse y formar parte de tu vida diaria.

Para desarrollar tus habilidades psíquicas, tienes que sacar toda la energía positiva que llevas dentro. Por eso, antes de poseer esta habilidad, tienes que meditar y dejar ir todas las negatividades ya sean espirituales, mentales o físicas. De lo contrario, no podrás desarrollar esta habilidad. Esto sólo significa que poseer habilidades psíquicas significa que eres una persona positiva.

El mal, por el contrario, tiene que ver con la negatividad. Por lo tanto, no puedes ser malvado si posees habilidades psíquicas. Claramente, esto es un mito.

2. No todo el mundo puede poseer habilidades psíquicas.

Para reiterar, tener habilidades psíquicas es una habilidad natural que cualquier ser humano puede poseer. Si estás determinado y fuertemente impulsado a despertar tu tercer ojo y desarrollar tus habilidades psíquicas, sin duda poseerás esta habilidad. Es como cualquier otra meta que tengas en la vida. Si estás totalmente decidido a alcanzar tu meta, harás todo lo posible para lograrlo.

Quizás haya algo de verdad en este mito. Aunque todos somos capaces de desarrollar esta habilidad, tenemos diferentes niveles de determinación. De nuevo, es como cualquier otra habilidad que queramos perfeccionar. Por ejemplo, si afirmas que te interesa desarrollar tu habilidad de comunicación verbal pero no sigues estrictamente los ejercicios que debes hacer para ayudarte a mejorar, lo más probable es que no consigas desarrollar dicha habilidad.

3. Desarrollar habilidades psíquicas lleva años.

La duración del desarrollo de tus habilidades psíquicas en realidad no depende de nadie más que de ti. Todo depende de lo disciplinado que seas a la hora de seguir los ejercicios y todas las demás tareas relacionadas con el desarrollo de dicha habilidad.

A veces, la mente de una persona dice que está cien por ciento decidida a perfeccionar su habilidad, pero su desempeño real demuestra lo contrario. Por ejemplo, no practica la meditación todos los días, sino que lo hace sólo cada dos días. Además, puede que termine el ejercicio de meditación de 30 minutos tras sólo 15 minutos. Este tipo de comportamiento no eliminará toda la energía negativa. Definitivamente no equilibrará tus chakras. No despertará tu tercer ojo y, por lo tanto, no te permitirá perfeccionar tus habilidades psíquicas.

Sin embargo, si estás decidido a desarrollar sus habilidades psíquicas tan pronto como sea posible y expresa tu determinación a través de tu dedicación a la realización de los ejercicios, perfeccionará tus habilidades en muy poco tiempo.

Por lo tanto, generalizar que todos los principiantes tardarán años en perfeccionar sus habilidades psíquicas es un mito. Nadie más que tú puede medir tu capacidad de aprendizaje.

4. Las Personas con Habilidades Psíquicas son Frikis.

A veces, los videntes son estereotipados como bichos raros o locos, principalmente por cómo se les representa en las películas o en los programas de televisión. Pero debes darte cuenta de que lo que ves en la televisión y en las películas son representaciones exageradas de los videntes.

No es cierto que si tienes poderes psíquicos, tendrás la capacidad de ver zombis, fantasmas y otras criaturas terroríficas que se ven en las películas y programas de televisión de fantasía y terror.

En realidad, los psíquicos no son bichos raros. Por lo tanto, esto también es un mito.

Capítulo 8: Cómo Desarrollar Tus Habilidades Psíquicas

En los capítulos anteriores, aprendiste sobre varios ejercicios de meditación. En este capítulo aprenderás más, pero esta vez los ejercicios te ayudarán estrictamente a despertar tu tercer ojo y a desarrollar tus habilidades psíquicas.

Los ejercicios que discutiremos en este capítulo caen todos bajo los Ejercicios de Meditación Curativa. Cuando abras tu tercer ojo y perfecciones tus habilidades psíquicas, tendrás la capacidad de curarte a ti mismo y a los demás. Pero, por supuesto, tienes que empezar contigo mismo antes de poder ayudar a los demás.

Si los ejercicios te resultan confusos, no dudes en parar, descansar y relajarte. Recuerda que estos ejercicios están pensados para emitir energías positivas y no negativas.

Te aconsejo que hagas estos ejercicios de meditación en un lugar tranquilo y cómodo.

Meditación para Liberar la Ira

Este ejercicio pretende abordar cualquier odio que exista dentro de ti. A menudo puede tratarse de un odio que creías que nunca había existido, pero que ha estado ahí dentro inconscientemente durante mucho tiempo.

Sentado o tumbado cómodamente, cierra suavemente los ojos y presta atención a tu respiración. Empieza el ejercicio de respiración profunda: inhala por la nariz y exhala por la boca. Deja que el estómago se expanda al inhalar y que disminuya al exhalar. Hazlo repetidamente hasta que te sientas totalmente relajado.

Cada vez que inhala, crea una imagen mental de un rayo de luz blanca dentro de la habitación. Al exhalar, imagina que estás liberando todo el odio que guardas dentro de tu cuerpo. Imagina que, al exhalar, también liberas todas las negatividades que tienes dentro de ti.

A continuación, crea una imagen mental de ti sentado dentro de una sala de cine oscura. Imagina que la película que estás viendo se centra en el dolor y la rabia que has sentido desde tu infancia hasta el presente. En la pantalla aparecen todas las situaciones en las que la gente te ha hecho daño. Los rostros de todas las personas que te han hecho daño aparecen ante tus ojos.

Luego, crea una imagen mental de ti mismo mirando alrededor de la sala de cine y dándote cuenta de que no estás solo en la sala. Hay otras personas viéndola contigo. Intenta tener una visión clara de cada una de las personas que te rodean y descubre que, de hecho, son las personas que te han hecho daño en el pasado. Son las personas que aparecen en la película que todos estáis viendo. Entonces, te das cuenta de que parece que les afecta lo que están viendo. Todos están llorando o tienen los ojos llorosos porque pueden sentir el dolor que te han causado. Les oyes pedir perdón.

Entonces, crea una imagen mental en la que te acercas a la persona más cercana. Dile sinceramente que le has perdonado y que estás dispuesto a olvidar el dolor que te ha causado. Abrázale. Si tienes ganas de llorar, no te lo impidas. Tómate tu tiempo. No tengas prisa. Continúa con esta imagen mental hasta que hayas liberado por completo el dolor que sientes en tu interior.

A continuación, acércate a otra persona dentro del cine y repite el mismo proceso. Hazlo repetidamente hasta que te hayas acercado a todas las personas que te han hecho daño en el pasado. Una vez que los hayas perdonado a todos, imagina que las luces del cine vuelven a encenderse.

Ahora, vuelve a la consciencia prestando atención de nuevo a tu cuerpo. Mueve los dedos de los pies y de las manos. Presta atención a tu respiración. A continuación, abre suavemente los ojos.

Se espera que este ejercicio dure un mínimo de veinte minutos. Pero, de nuevo, tómate tu tiempo. El objetivo de este ejercicio es liberar al cien por cien todo el odio que hay dentro de ti.

Meditación para Liberar el Miedo y la Ansiedad

Este ejercicio tiene como objetivo abordar sus sentimientos de miedo y ansiedad. Este ejercicio también proporciona protección psíquica. Cuando eventualmente aprendas a usar tus habilidades psíquicas, habrá sucesos inesperados que podrían asustarte o estresarte. Por eso es mejor que primero te ocupes de tu miedo y ansiedad realizando esta técnica de meditación. Esta técnica te recordará que no debes entrar en pánico y que siempre debes tener el control.

Sentado o tumbado cómodamente, cierra suavemente los ojos y presta atención a tu respiración. Empieza a aplicar el ejercicio de respiración profunda: inhala por la nariz y exhala por la boca. Deja que el estómago se expanda al inhalar y que disminuya al exhalar. Repítelo hasta que te sientas totalmente relajado.

Mientras continúas con el ejercicio de respiración profunda, crea una imagen mental de una luz violeta que desciende del cielo y se dirige directamente a tu cabeza. Imagina que la luz se mueve dentro de tu cabeza, llevándose todos tus miedos y ansiedades. Mientras esto sucede, habla con la luz y ordénale que elimine tus energías negativas de forma permanente.

Piensa en un pensamiento feliz. Puede ser una imagen de tus hijos, de tu comida favorita o incluso de un bonito destino turístico. No importa qué tipo de imagen quieras crear en tu mente. Lo importante es que te haga feliz y que no haya ningún pensamiento negativo que entre en tu mente cada vez que pienses en ello.

Ahora, vuelve a la consciencia prestando atención de nuevo a tu cuerpo. Mueve los dedos de los pies y de las manos. Presta atención a tu respiración. A continuación, abre suavemente los ojos.

Se espera que este ejercicio dure un mínimo de quince minutos. Pero, de nuevo, tómate tu tiempo. El objetivo de este ejercicio es liberar totalmente todo el miedo y la ansiedad que hay dentro de ti.

Meditación para Liberar la Tensión

Este ejercicio pretende relajar tanto la mente como el cuerpo. Pretende eliminar toda la tensión y, en última instancia, permitir que te sientas relajado.

La mejor forma de realizar este ejercicio es sentado cómodamente. Al igual que la mayoría de los ejercicios de meditación, primero tienes que cerrar suavemente los ojos y ser consciente de cómo respiras. Empieza de nuevo aplicando el ejercicio de respiración profunda: inhala por la nariz y exhala por la boca. Permite que tu estómago se expanda al inhalar y que disminuya al exhalar. Repítelo hasta que te sientas totalmente relajado.

Presta atención a la sensación de hormigueo en los pies. Si no hay sensación de hormigueo, sé consciente de lo relajados que tiene los pies. También puedes crear una imagen mental de ti mismo sumergiendo los pies en una bañera. Imagina lo relajante que te sientes en la vida real.

Ahora, imagina que esa sensación de relajación sube de los pies a los tobillos, luego a las piernas, a las rodillas, a los muslos, y así sucesivamente. Permite que cada parte del cuerpo experimente esa sensación hasta llegar a la parte superior de la cabeza.

Presta también especial atención a la columna vertebral. Permita que su espalda se sienta cien por cien relajada. Observa cómo tu respiración profunda te ayuda a relajarte. Haz esto repetidamente hasta que ya no sientas ninguna tensión corporal. En caso de que haya alguna parte del cuerpo que necesite más atención, tómate tu tiempo para liberar la tensión.

Ahora, piensa en cualquier problema de salud que tengas, ya sea menor o mayor. Puede ser una enfermedad, un dolor o una lesión. Puede ser cualquier cosa que quieras sanar.

Imagina tus problemas como zonas oscuras dentro de tu cuerpo que están siendo curadas por una luz brillante de relajación. Mueve esa luz por todas las partes de tu cuerpo, pero presta especial atención a las zonas oscuras. Imagina la luz moviéndose en círculos sobre las zonas oscuras hasta que el color oscuro comience a aclararse y aclararse. Crea con fuerza una imagen mental de las zonas oscuras haciéndose cada vez más pequeñas a medida que la luz brillante sigue moviéndose a su alrededor.

El objetivo de este ejercicio es reforzar su energía positiva, de modo que, por muy grave que sea tu problema de salud, puedas combatirlo pensando positivamente en todo momento. Ten la firme convicción de que tienes la capacidad de curarte de forma natural. Ten esa fuerte convicción de que una mente genuinamente positiva puede ayudarte de verdad a convertirte en una persona sana.

Ahora, vuelve a la consciencia prestando atención una vez más a tu cuerpo. Mueve los dedos de los pies y de las manos. Presta atención a tu respiración. A continuación, abre suavemente los ojos.

Se espera que este ejercicio dure un mínimo de treinta minutos. Pero, una vez más, tómese su tiempo. El objetivo de este ejercicio es liberar totalmente toda la tensión que hay en tu interior.

También tienes la opción de quedarte dormido en lugar de volver a la consciencia. En este caso, nota lo relajados que se sienten tu mente y tu cuerpo al despertar.

Conclusión

Gracias de nuevo por tomarte el tiempo de leer este libro.

Ahora deberías tener una buena comprensión del despertar del tercer ojo y de cómo desarrollar tus habilidades psíquicas.

Si disfrutaste este libro, por favor tómate el tiempo para dejarme una reseña en Amazon. Aprecio tus comentarios sinceros.

9 781761 039447